Falar de
Fé
na catequese

Dados Internacionais de Catalogação na Publicação (CIP)
(Câmara Brasileira do Livro, SP, Brasil)

Rollemberg, Maria do Carmo Ezequiel
　Falar de fé na catequese / Maria do Carmo Ezequiel Rollemberg. – Petrópolis, RJ : Vozes, 2023.

　Bibliografia.
　ISBN 978-65-5713-602-7

　1. Catequese – Igreja Católica 2. Fé (Cristianismo) 3. Palavra de Deus I. Título.

22-123765   CDD-268.82

Índices para catálogo sistemático:
1. Catequese : Igreja Católica   268.82
Cibele Maria Dias – Bibliotecária – CRB-8/9427

Maria do Carmo Ezequiel Rollemberg

Falar de Fé na catequese

EDITORA VOZES

Petrópolis

© 2023, Editora Vozes Ltda.
Rua Frei Luís, 100
25689-900 Petrópolis, RJ
www.vozes.com.br
Brasil

Todos os direitos reservados. Nenhuma parte desta obra poderá ser reproduzida ou transmitida por qualquer forma e/ou quaisquer meios (eletrônico ou mecânico, incluindo fotocópia e gravação) ou arquivada em qualquer sistema ou banco de dados sem permissão escrita da editora.

CONSELHO EDITORIAL

Diretor
Gilberto Gonçalves Garcia

Editores
Aline dos Santos Carneiro
Edrian Josué Pasini
Marilac Loraine Oleniki
Welder Lancieri Marchini

Conselheiros
Elói Dionísio Piva
Francisco Morás
Ludovico Garmus
Teobaldo Heidemann
Volney J. Berkenbrock

Secretário executivo
Leonardo A.R.T. dos Santos

Diagramação: Sheilandre Desenv. Gráfico
Revisão gráfica: Editora Vozes
Capa: Ana Maria Oleniki

ISBN 978-65-5713-602-7

Este livro foi composto e impresso pela Editora Vozes Ltda.

SUMÁRIO

Dedicatória, 7

Agradecimento, 9

Apresentação, 11

Introdução, 13

CAPÍTULO 1 – O QUE É A FÉ?, 15

1.1 Fé, uma palavra comum, 17

1.2 Para compreender o que é a fé, 18

    1.2.1 Fé é dom de Deus, 18

    1.2.2 Fé é resposta, 20

    1.2.3 Fé é experiência, 21

        1.2.3.1 O que é experiência?, 22

        1.2.3.2 Experiência de Deus, 23

        1.2.3.3 Jesus e a experiência de Deus, 25

        1.2.3.4 A resposta nasce da experiência, 25

    1.2.4 A fé é ato humano, 26

    1.2.5 Fé é questionamento, 26

    1.2.6 Fé e conversão, 28

    1.2.7 Fé e razão, 29

    1.2.8 Fé e transformação do mundo, 30

    1.2.9 Fé e comunidade, 31

1.3 Passos no caminho da fé, 32

CAPÍTULO 2 – CAMINHOS PARA EXERCITAR, AUMENTAR E TRANSFORMAR A NOSSA FÉ, 33

2.1 Perseverança na oração, 35

2.2 Escuta e meditação da Palavra de Deus, 36

2.3 Vivência dos sacramentos, 37

2.4 Participação na comunidade, 38

2.5 Experiência de servir, 39

2.6 Escuta de Deus que fala em nossa vida, 39

CAPÍTULO 3 – FALAR SOBRE A FÉ É OFERECER UMA PROPOSTA DE VIDA, 41

3.1 Para que serve a fé?, 43

3.2 Que consequências a fé traz para a nossa vida?, 44

3.3 Não se trata de conteúdo..., 45

3.4 ... mas se trata da vida de cada um!, 46

CAPÍTULO 4 – ROTEIROS DE ESTUDO, 49

Roteiro 1: O que é a fé?, 51

Roteiro 2: Caminhos para exercitar, aumentar e transformar a nossa fé, 54

Roteiro 3: Falar sobre a fé é oferecer um projeto de vida, 57

Uma última palavra, 59

Abreviaturas e siglas, 61

Referências, 62

DEDICATÓRIA

Dedico este texto ao Monsenhor Antônio de Pádua Almeida, que partiu para a casa do Pai em julho de 2022. Mais do que uma enorme saudade, ficam o afeto, a amizade, a compreensão e os ensinamentos. Obrigada, Pe. Almeida!

AGRADECIMENTO

Em meus primeiros anos como catequista de adultos convivi com párocos que, com muita sabedoria e enorme paciência, ouviam minhas dúvidas, interpelavam-me e ajudavam-me no processo de crescimento e transformação da minha fé. Com eles aprendi e senti a beleza de testemunhar a fé em Jesus Cristo. Nas palavras que aqui estão há muito deles – Monsenhor Júlio Antônio da Silva e Monsenhor Antônio de Pádua Almeida. A eles, meu eterno obrigada!

A autora

APRESENTAÇÃO

Hoje, em nosso país, temos uma multidão de batizados sem uma evangelização suficiente para sustentar sua vida cristã. Entre nós, no continente americano, encontramos o maior número de cristãos católicos, mas é também entre nós que existe uma cruel desigualdade social (DAp, n. 527). Isso mostra um profundo distanciamento entre fé e vida. Há aqueles que, ocasionalmente, participam dos sacramentos, em momentos bem específicos da vida como nos batizados ou nos casamentos, ou em determinadas datas, como Sexta-feira da Paixão, Domingo de Páscoa ou Natal. E há, também, aqueles para quem a comunidade não é nada além de um mercado ou uma repartição, dos quais são fregueses, e nos quais têm acesso a alguns serviços.

É um tempo de *crise de fé*? O que vemos não é apenas não saber expressar a fé que dizem ter, mas um sem-número de cristãos que não sabem mais o que é ter fé. Pensam sobre ela como uma questão intelectual, e não se dão conta de que a fé é um assunto que abraça toda a vida – como respirar, alimentar-se, conhecer e ter amizade com alguém, amar e sentir-se amado, acolher e entregar-se.

Não podemos falar sobre fé sem trazer à discussão o catequista, pois ele é a face e o porta-voz da fé da Igreja. Como educador da fé de crianças, jovens e adultos ele não transmite conhecimento religioso, mas tem a tarefa de iniciar nas várias dimensões da fé – isto é, na liturgia e na oração, no comportamento cristão e na transformação do mundo. E só consegue fazer isso a partir da sua própria experiência cristã; como discípulo de Jesus Cristo, é aquele que guia por um caminho que ele próprio, dia após dia, se esforça por seguir, para que o outro tenha vida.

Os primeiros destinatários desta obra são os catequistas que assumem a missão de acompanhar crianças, adolescentes e, especialmente, adultos em seu caminho de Iniciação à Vida Cristã, para ajudá-los a abraçar a fé com alegria e dar testemunho de que vale a pena seguir Jesus Cristo. Porém, o público leitor é mais abrangente; pelo tema que traz à reflexão, o texto também se destina à formação dos agentes de pastoral nas comunidades, isto é, daqueles que atuam na Pastoral do Batismo, na preparação para o Matrimônio, na Pastoral Familiar, e em outras mais. O objetivo é promover o aprofundamento na fé do catequista e do agente de pastoral ou formador, capacitando-os para que possam ser os interlocutores dos adultos, jovens, crianças e famílias, rumo à maturidade da fé. E, assim como os apóstolos cresceram na fé seguindo Jesus e evangelizando como Ele, que também catequistas e formadores, enquanto levam outros a caminharem na fé, possam dar passos no crescimento da sua própria fé.

Este texto surgiu de questionamentos de catequizandos adultos e de reflexões pessoais nos encontros de catequese; disso resulta o título do livro. Dividida em quatro capítulos, a obra apresenta diversos aspectos importantes sobre a fé e como levá-la ao cotidiano da vida de cada pessoa, de modo simples, não só para facilitar a compreensão do leitor, mas também para colaborar com a tarefa de quem irá depois trabalhar seu conteúdo, como catequista ou como formador dos agentes de pastoral. Para que a expressão de fé (Palavra de Deus) ilumine a experiência humana, para cada aspecto apresentado é proposto, na sequência, um texto bíblico para inspirar a reflexão sobre o que foi comentado; recomenda-se a leitura orante do texto indicado, iluminando a percepção do aspecto discutido na vida e na missão de cada um. Os capítulos servem como subsídio para o estudo e a reflexão sobre a fé, e os conteúdos podem ser desenvolvidos individualmente ou em grupos. O último capítulo propõe um roteiro de estudo, com sugestões e indicações para a formação nas diferentes pastorais.

Que estas páginas ajudem catequistas e formadores a conduzir mais e mais pessoas à descoberta, ou redescoberta, da beleza da fé para que sejam testemunhas alegres e firmes do Senhor!

INTRODUÇÃO

É senso comum entre catequistas que, ao longo do itinerário da Catequese com Adultos, alguns temas sejam mais provocativos e despertem muitos questionamentos, reflexões ou mesmo dúvidas nos catequizandos. Talvez até seja possível afirmar que, com suas experiências religiosas e pessoais, eles se sintam atraídos por tais temas, embora algumas vezes pareçam rejeitá-los.

A criação do mundo, por exemplo, traz aos encontros questões nascidas de uma compreensão equivocada do sentido do texto e da dificuldade em conciliar fé e ciência. O tema dos Mandamentos, por sua vez, provoca em alguns catequizandos certo desconforto ou mesmo rejeição motivada por uma leitura literal. A oração do Senhor também traz discussões e questionamentos sobre *por que, para que, para quem, quando* e *como* rezar.

Porém, falar sobre a fé é o que mais perturba o catequizando, talvez por desafiá-lo a um olhar para dentro de si mesmo. Refletir sobre a fé ou sobre atitudes que brotam dela implica confrontar experiências e percepções pessoais. Nos encontros de catequese, nas partilhas e no testemunho de vida o catequista é aquele que irá ajudar o catequizando a perceber que a fé faz parte do projeto de vida do cristão; também a conhecer, a enraizar e a fortalecer sua fé até se enxergar como filha/filho amado de Deus.

Vivemos em uma época em que a fé, com alguma frequência, tem sido reduzida a sentimentalismos, emoções ou teorias fáceis de serem assumidas; há também quem exiba sua fé como algo rígido, frio, pouco inspirador ou mesmo desinteressante. É comum ouvirmos manifestações que mostram uma fé frágil, superficial e inconsistente. O Papa Bento XVI afirmou que muitos cristãos estão mais preocupados com as consequências sociais, culturais e políticas da fé do que propriamente com ela (PF, n. 2).

Falar sobre fé na catequese com crianças, adolescentes ou adultos é, então, um desafio quando entendemos que somos chamados a comunicar a fé como algo bom – a partir da Boa-nova de Jesus Cristo – que desperta o desejo de conhecer mais e leva à vivência. Um desafio inspirador quando nos vemos colocados diante da nossa certeza: vale a pena ter fé em Jesus Cristo!

CAPÍTULO 1

O QUE É A FÉ?

Hoje muito se fala sobre a fé. Grupos e líderes religiosos falam sobre o "Deus verdadeiro" rejeitando pensamentos diferentes. Nas redes sociais são difundidas muitas ideias acerca da fé e pessoas são rotuladas como progressistas ou conservadoras conforme a fé que manifestam, gerando discussão e muita divisão.

Os fãs de Indiana Jones com certeza se recordam do filme *Indiana Jones e a última cruzada*, no qual há uma cena clássica e conhecida como "o salto da fé". Nessa cena o protagonista, hesitante, mostra surpresa ao perceber a ponte que o levaria em segurança ao outro lado de um despenhadeiro. Esse seria um bom exemplo de fé? Em um verdadeiro "salto da fé", conforme ensinam tantos personagens nas Escrituras, o protagonista começaria a caminhar confiante e não se surpreenderia ao perceber a ponte. Não foi assim com Abraão, modelo de obediência na fé; e com Maria, sua mais perfeita realização? (cf. CIgC, n. 144).

O que é a fé? O que significa e qual importância tem em nossa vida?

1.1 Fé, uma palavra comum

Fé, sem dúvida, é uma palavra sempre presente em qualquer discurso religioso, mas também comum em expressões bem populares nas quais é relacionada à credibilidade ou à confiança:

- a pessoa que age corretamente e com honestidade é uma *pessoa de boa-fé*;
- fazer algo para prejudicar ou enganar alguém é *agir de má-fé;*
- garantir ou assegurar que algo é verdade é *dar fé;*
- confiar, reconhecer e aceitar algo ou alguém como verdadeiro é *botar fé;*
- a pessoa da nossa maior confiança é nosso *amigo de fé.*

Ter fé, crer e acreditar são expressões muito usadas como sinônimos, mas não é bem assim. Acreditar é aceitar como real ou verdadeiro algo que pode ser confirmado ou desmentido; portanto, acreditar é uma situação provisória. Por exemplo, acreditamos quando ouvimos a previsão do tempo para os próximos dias; isso está relacionado ao nível intelectual e pode ou não se confirmar. É bem diferente quando um jogador comemora um gol e oferece à esposa dizendo diante de uma câmera "eu amo você"; a reação da mulher não está relacionada só ao intelectual: ela crê, e crer (do latim *cre+dere*, isto é, entregar o coração) envolve acreditar com o coração (cf. CNBB/REGIONAL SUL II, 2011, p. 31). A fé ultrapassa o acreditar e o crer, pois envolve o *mistério*. E esse *mistério* é algo majestoso que se abre diante de nós e que jamais conseguimos penetrar totalmente, porque está além da nossa compreensão meramente humana. Então a fé envolve um mistério que não compreendemos? Não é bem assim. É muito bom saber que Deus, que é Sabedoria e Amor, nos socorre para nos fazer compreender o que é a fé: a Igreja, a Palavra de Deus, a Liturgia, os sacramentos, os testemunhos, o Espírito Santo são auxílios para educar nossa fé.

Na Bíblia, na Carta aos Hebreus, encontramos aquela que, talvez, seja a melhor definição: "A fé é a certeza daquilo que ainda se espera, a demonstração de realidades que não se veem" (Hb 11,1). O autor dessa carta nos confronta com ideias comuns ao afirmar que a fé é uma certeza. Para quem inicia sua vida de fé, essa definição não é nada simples. Vamos, então, destacar algumas características que podem ajudar o catequizando a compreender o que é a fé.

> **Hb 11,1**
> Leia a definição de fé apresentada e procure compreender cada palavra ou expressão: certeza / espera / demonstração de realidades / não se veem.

1.2 Para compreender o que é a fé

Nós nos afastamos de Deus pelo pecado, mas Ele nos quer ao seu lado e tem um projeto para nos trazer para perto: seu plano de amor para toda a humanidade e para cada um de nós individualmente. O próprio Deus vem ao nosso encontro e nos chama para fazer parte desse seu projeto de salvação, e faz isso gratuitamente – simplesmente porque nos ama.

Respondendo a esse chamado amoroso, o homem faz sua adesão ao Plano de Deus; ou seja, aceita e confia. Nessa adesão o homem se reconhece filho de Deus, irmão de Jesus Cristo, irmão de todos os homens e mulheres de todos os tempos e lugares, membro da Igreja, comunidade dos que aceitaram o projeto de Deus, e destinatário da salvação que Ele oferece. Como, então, compreender o que é a fé?

> **1Tm 6,20-21**
> Leia e reflita sobre o conselho a Timóteo; como essas palavras podem ajudar você em sua missão como catequista ou formador de adultos (catequizandos, pais, noivos, agentes de pastoral)?

1.2.1 Fé é dom de Deus

A fé não pode ser criada, não é resultado de estudos e nem consequência de uma busca contínua do que é espiritual. Fé é *dom*, isto é, presente de Deus que recebemos não porque merecemos ou porque queremos (cf. CIgC, n. 153). Deus fez o homem capaz de crer nele e nos chama para a fé; é dele a iniciativa gratuita e amorosa de acordo com seu Plano de Salvação. São Paulo foi claro: "De fato, é pela sua graça que fostes salvos, mediante a fé, e isto não procede de vós: é dom de Deus" (Ef 2,8).

Todos nós já ganhamos um presente, que se torna realmente valioso quando tem um significado especial. Por exemplo, a criança que faz um desenho para seu pai, em sua simplicidade, está demonstrando o amor que lhe dedica; e o desenho será muito precioso para ele. Se um presente for deixado de lado ou rejeitado por quem o recebe, ele se tornará dor para quem o ofereceu; o que sentiria a criança ao ver seu desenho ignorado pelo pai? Podemos pensar assim em relação à fé: Deus nos dá o presente da fé, que tem um significado especial porque é dom que brota do seu infinito Amor por nós; quando recusamos esse dom e rejeitamos a fé, porque nos sentimos autossuficientes, causamos profunda dor Àquele que tanto nos ama.

Como presente de Deus para os homens, a fé não pode nos fazer sofrer nem ser carregada de imposições ou formalismos; não pode ser árida nem subjugar. Pelo contrário! Deus não se impõe nem se agrada de convenções. Se é graça, dom de Deus, é para ser leve, para vivermos melhor. Jesus disse que não devemos viver preocupados quanto à nossa vida, porque aquele que nos criou sabe o que é melhor para nós (cf. Mt 6,25-34). Ao nos dar o dom da fé, Deus nos diz: filha/filho, não se preocupe, eu cuido de tudo!

Mas Deus não quer que nossa vida seja morna, sempre à espera, sem ações e sem decisões, desconectada da realidade. Ter fé implica esforço para fazer tudo porque sabemos que a promessa de Deus se cumprirá: "De fato, Deus amou tanto o mundo, que deu o seu Filho único para que todo o que nele crer não pereça, mas tenha a vida eterna" (Jo 3,16).

1Pd 1,8-9
Leia e medite sobre o sentido desse texto em sua vida.

1.2.2 Fé é resposta

Em nossas relações mais próximas acreditamos no que uma pessoa nos diz, confiamos em suas promessas e respondemos com nossa fidelidade, nossa amizade, nosso amor, e nada perdemos em nossa identidade e em nossa dignidade (cf. CIgC, n. 154). Nossa relação com Jesus Cristo também envolve confiança e fidelidade; e dela pode surgir o encantamento, uma ligação profunda e um amor eterno e verdadeiro.

Se falamos em fidelidade, amizade e amor, não podemos dizer que ter fé é simplesmente aceitar verdades que não conseguimos compreender, porque a fé não diz respeito a fatos, coisas, problemas ou dados; ela nasce do *encontro* com Alguém que acolhemos, aceitamos e conhecemos com intimidade.

Fé, portanto, é resposta pessoal pela qual o homem reage ao projeto de Deus com sua inteligência e sua vontade (cf. CIgC, n. 30). Por meio dela aceitamos Jesus Cristo como Ele se manifestou – nosso Salvador e Senhor – e respondemos à iniciativa amorosa do Pai. Por isso não dá para conhecer nem compreender as verdades da fé sem primeiro fazer a experiência de encontro com Aquele que quis se manifestar em nossa humanidade.

Sendo resposta pessoal, é fácil compreender que ninguém pode ter fé por nós; e sendo resposta livre, também é verdade que ninguém pode ser obrigado a abraçar a fé contra a sua vontade. Fé é adesão livre, voluntária, é escolha. Olhemos para o jeito de Jesus entre os homens: Ele convidou à fé, "deu testemunho da verdade, mas não quis impô-la pela força aos que a ela resistiam" (CIgC, n. 160).

Dar nosso assentimento livre e verdadeiro a Deus – nossa resposta de fé – implica aderir a toda a verdade que Ele revelou, mas não porque o que nos foi revelado por Deus nos parece verdadeiro e compreensível à nossa inteligência, mas porque é Deus que revela, e Ele não se engana (cf. CIgC, n. 156).

Existe ainda outro aspecto relativo à fé como resposta a Deus. É comum ouvirmos "Deus é fiel"; e Ele é fiel, no passado e no futuro (Ex 3,6.12). No Rito de Admissão ao Catecumenato, na assinalação dos candidatos, quem preside diz:

> N., Cristo chamou a vocês para serem seus amigos; lembrem-se sempre dele e sejam fiéis em segui-lo! Para isso, vou marcá-los com o sinal da cruz de Cristo, que é o sinal dos cristãos.

> Este sinal vai daqui em diante fazer que vocês se lembrem de Cristo e de seu amor por vocês (RICA, n. 83).

Isto é, os que pedem o Batismo são chamados à fidelidade ao Senhor. Fidelidade é a prática de quem tem um compromisso sério para cumprir o que assume. Se a fé é resposta ao Amor de Deus, que é fiel, precisamos ter com Deus a mesma fidelidade que Ele tem para conosco.

Jo 3,16-18
Reflita sobre esses versículos. Como eles ajudam a compreender que a fé é resposta ao amor de Deus, manifestado em Jesus Cristo?

1.2.3 Fé é experiência

Quando penso na minha infância, na vivência religiosa em minha família, eu vejo minha mãe com os joelhos no chão do quarto, nas trezenas de Santo Antônio, todos os anos; ou sua mão segurando a minha, eu ainda pequena, nas procissões de Nossa Senhora de Fátima.

Com certeza conhecemos muitos exemplos de pessoas que mostram, com gestos e atitudes, aquilo que guardam de sua infância. Com frequência, vemos alguém rezando com o terço nas mãos ou acendendo velas junto à imagem do santo protetor. Repetindo aquilo que acompanharam quando crianças, essas pessoas revelam as raízes da sua fé.

Isso é muito comum entre nós; começamos a crer em Deus porque a maioria das pessoas com quem convivemos crê. Também é muito comum carregarmos ao longo da nossa vida a imagem de Deus daquelas pessoas, e nos relacionarmos com Ele como elas se relacionavam. Mas nessa relação está algo que não é nosso, é algo dessas pessoas que assumimos como nosso. Isso é um começo, mas só um começo! Precisamos ir além, enxergar Deus com nossos próprios olhos, e isso só pode acontecer a partir de uma experiência pessoal e intransferível, porque somos únicos diante de Deus e ninguém pode experimentar seu amor em nosso lugar.

Jo 1,35-42

Reflita sobre o texto, procurando identificar o antes e o depois na experiência dos discípulos com Jesus.

1.2.3.1 O que é experiência?

É comum dizermos ou ouvirmos frases como "Aquela pessoa tem muita experiência", "Vou experimentar uma receita nova" ou ainda "O nascimento do meu primeiro filho foi uma experiência indescritível". Elas nos ajudam a compreender o que é experiência. Na primeira frase, experiência está associada ao conhecimento acumulado ou a tarefas executadas. Na segunda, a associação é feita diretamente aos sentidos – cheiro, gosto, textura; na terceira frase, a experiência está relacionada a uma vivência muito pessoal e íntima – nesse exemplo, prazerosa, inesquecível – que não pode ser totalmente explicada nem transmitida porque é particular e subjetiva (CAMILLO, 2012).

A palavra experiência, em sua origem, significa o conhecimento que a pessoa adquire ao sair de si mesma, e estuda o mundo ou uma situação com diferentes olhares e de diferentes modos. Não envolve apenas teorias, mas conhecimentos que nascem da observação e do contato sensorial com a realidade e, portanto, mais relacionados ao que se vê, toca ou sente e menos a ideias (AMATUZZI, 2007). Como resultado, o conhecimento obtido na experiência traz diferentes abordagens e visões do mundo ou de uma situação em particular. Experiência, portanto, é um fato originário, isto é, que está na origem, que fundamenta o saber e a ação; experiência envolve um fato capaz de modificar a vida e a consciência sobre ele, da qual tiramos ensinamentos para a vida. Por exemplo, quando dizemos "vou experimentar uma receita nova" estamos diante de um fato – a nova receita que será preparada – do qual podemos passar a dizer "gosto, não gosto".

Segundo Rey-Mermet (1979), todos nós carregamos e acumulamos experiências, por exemplo:

- **experiências de nós mesmos**: do que gostamos ou não gostamos, do que sentimos, do que pensamos. Quando falamos sobre essas experiências sempre corremos o risco de destacar um aspecto – o mais importante naquele momento para nós. Isso está no domínio interior, particular e pessoal, e constitui a experiência inicial para todos nós.

- **experiências de acontecimentos e objetos**: começa com a fase oral dos bebês, com as mãos, com o olhar e avança para o conhecimento científico; é o domínio da ciência e suas leis universais.
- **experiências do outro**: presença amiga ou amorosa que é percebida por meio de indícios, não de provas; é o domínio da fé, a partir da experiência pessoal ou da escuta de pessoas dignas de fé.

Partilho uma experiência pessoal e marcante em minha vida: minha filha caçula muitas vezes trazia da escola pequenos seixos, que me entregava com bilhetinhos escritos por ela, quando ainda descobria as palavras. No laboratório de análises químicas poderia identificar os elementos presentes em cada seixo. Mas nenhuma ciência era, nem é, capaz de quantificar o que realmente é importante: o nível do afeto, porque a ciência não pode dizer o que motivava o gesto da minha filha, nem quais os sentimentos colocados nas palavras que ela escreveu ou provocados em mim. E quais experiências marcaram mais fortemente sua vida?

Por que isso é importante? Porque todas as experiências que trazemos conosco constroem nossa identidade, dando forma e cor à nossa experiência de Deus. Nada fica fora, nada é irrelevante. Somos nós – *pessoas*, por inteiro – que nos relacionamos com Deus, *Pessoa*, por inteiro.

> **Sl 34(33),9**
> Reflita sobre o sentido das palavras do salmista.

1.2.3.2 *Experiência de Deus*

Toda pessoa usando sua liberdade e sua inteligência, dons recebidos de Deus, pode ouvir o chamado à salvação; porém, cada chamado e os caminhos que ele provoca são obra do Espírito Santo em cada um. Isto é, a maneira como cada pessoa responde ao projeto de Deus, a forma como se dá sua experiência de

Deus, é única, porque envolve o esforço e a vontade, características próprias de cada pessoa (cf. CIgC, n. 30).

Na Bíblia lemos sobre um povo que soube perceber, assumir e praticar a vontade de Deus a partir de uma proximidade cada vez maior com Ele. A história desse povo escolhido nos fala sobre a consciência que nasce da intimidade com Deus, e com a qual o povo aprende, faz experiência. As Escrituras Sagradas narram essa história para mostrar aos homens e mulheres de qualquer tempo os caminhos de uma verdadeira experiência de Deus. São acontecimentos, pessoas e vidas que se costuram formando um tecido suave e, ao mesmo tempo, firme; suave porque nasce no amor de Deus, e firme porque o próprio Deus é o fundamento da experiência.

Existe algo extremamente rico e belo nas experiências de Deus: a iniciativa, que é sempre dele, que quer se encontrar conosco em nossa história individual. Foi assim com Abraão, a quem Deus se dirigiu e, com sua iniciativa, fez nascer uma relação nova entre ambos (PAPA FRANCISCO, 2014). Foi assim também com Paulo, que não provocou o encontro a caminho de Damasco. É também muito bonito perceber que se Deus é o fundamento das experiências, Abraão e Paulo foram também sujeitos, pois reagiram, questionaram e se posicionaram diante de quem tomou a iniciativa (DO CARMO, 2009).

É quando somos atingidos e transformados pela presença amorosa de Deus que podemos dizer que nós o conhecemos por experiência. Fazer experiência de Deus é, então, enxergar, em nossa própria realidade, Aquele que vem até nós e nos chama à comunhão. E como não somos sozinhos no mundo, porque somos seres sociais, essa experiência de Deus é sempre mediada pela relação com o mundo e com os outros.

Gn 12,1-9
Refletindo sobre o chamado de Abraão, recorde seu chamado e pense o que o fez dar seu sim a Deus.

1.2.3.3 Jesus e a experiência de Deus

Jesus fez uma experiência de Deus radical e decisiva para seu jeito de agir entre os homens; nessa experiência Ele foi levado a pregar o Reino de Deus, anunciando o perdão e lutando pela justiça. Ele não buscou apoio na doutrina dos escribas ou nas tradições de Israel; confiou inteiramente na vontade do Pai, rejeitando modelos ou costumes. Seus primeiros seguidores o recordavam como alguém que se manteve fiel ao Pai mesmo nos momentos mais difíceis. E foi a partir da experiência de Jesus Cristo feita pelos primeiros discípulos que teve início o cristianismo; essa experiência exigiu partilha de vida, seguimento incondicional, prática do discipulado.

> **Mc 1,9-11**
> Leia e reflita sobre como você testemunha seu Batismo na formação de adultos.

1.2.3.4 A resposta nasce da experiência

Os discípulos conheceram Jesus caminhando com Ele, acompanhando seus passos, convivendo com Ele, vendo seus gestos e ouvindo suas palavras; assim Jesus se revelou para aqueles que o acompanhavam. E cada um, com sua história de vida, tomou consciência e mergulhou nessa experiência do encontro pessoal com o Mestre, e dela ganhou força e coragem para cumprir a missão que recebeu de Jesus: "Ide pelo mundo inteiro e anunciai a Boa-nova a toda criatura!" (Mc 16,15).

De onde vinham o entusiasmo e a motivação de Paulo para anunciar Jesus? Da experiência do encontro com o Ressuscitado (cf. At 9,1-22). Tudo aquilo em que Paulo acreditava foi confrontado com as palavras do Mestre; suas certezas foram iluminadas com a luz do Ressuscitado. Foi a partir dessa experiência que a vida de Paulo foi inteiramente transformada e ele se tornou o grande anunciador do Cristo.

Olhemos para o povo eleito, para Jesus e os primeiros discípulos, para nossos avós e nossos pais; eles nos ensinam que toda experiência pode ser contada, mas nenhuma pode ser repetida nem transmitida simplesmente por meio de uma narrativa. Com eles aprendemos que é preciso fazer nossa própria experiência de Deus para sermos, então, capazes de escolher que resposta queremos dar ao seu projeto amoroso de salvação.

> **At 9,1-6.19-22**
> Faça a Leitura Orante desse texto.

1.2.4 Fé é ato humano

Já dissemos que muitos de nós temos fé a partir do que presenciamos e herdamos de nossas famílias: em algum momento da nossa vida fomos "grudados" em Jesus, sem qualquer experiência pessoal de Deus. É por isso que para muitos, ainda hoje, fé lembra dogmas incompreensíveis, verdades que somos obrigados a aceitar e imposições pouco ou nada interessantes. Tudo isso faz da fé algo descompromissado, desligado da vida e, portanto, desnecessário.

O que faltou? A abertura à graça divina para acolher na própria vida a proposta amorosa de Deus. Essa iniciativa divina em favor da humanidade espera uma resposta livre do homem; podemos dizer, então, que a fé é também um ato humano, um ato de decisão, ato de escolha no qual a inteligência e a vontade humanas colaboram com a graça divina (cf. CIgC, n. 155).

Afirmar que temos fé em Deus é dizer que somos totalmente a favor dele e de seu projeto de salvação, a partir de uma opção consciente, livre, pessoal e honesta; só depois damos o nosso consentimento intelectual às verdades da fé. Ou seja, dizer que temos fé é nos comprometermos com Deus e com seu projeto. A fé, portanto, é um ato de compromisso, consciente e livre.

> **Mt 9,20-22**
> Faça a Leitura Orante do texto, meditando sobre a atitude do centurião.

1.2.5 Fé é questionamento

"Crês que há um só Deus? Fazes bem. Só que os demônios também creem nisso. E tremem" (Tg 2,19). Uma boa provocação de São Tiago! Não se trata apenas de afirmar "tenho fé", mas do que fazemos com nossa fé, do quanto estamos com-

prometidos com ela. São Tiago nos faz pensar se essa fé nos inquieta, se envolve compromisso, se está distante da alienação.

A fé verdadeira não é desligada do mundo, mas questiona e não nos deixa indiferentes à realidade; e é exatamente desse questionamento que brota a coragem para buscar a transformação necessária. A fé exige bem mais do que orações, missas, novenas, obediência aos mandamentos – ou reduzimos o Reino de Deus apenas a um acontecimento futuro.

O Papa Francisco, por ocasião da Jornada Mundial da Juventude em 2016, pediu que os jovens fossem questionadores. Por que esse pedido? Porque não dá para ouvir sobre a doutrina ou a Igreja e simplesmente nos conformarmos cegamente com o que ouvimos (isto é verdadeiro também para as coisas do mundo!). É preciso mais, é preciso questionar, porque questionar é querer conhecer mais para compreender melhor e aderir de maneira mais consciente e verdadeira. Isso também é crescer na fé! (PAPA FRANCISCO, 2016).

Olhemos para o diálogo entre Maria e o anjo na Anunciação. Maria perguntou: *"Como isso acontecerá se eu não conheço homem algum?"* (Lc 1,34). Ela não teve dúvidas quanto ao poder de Deus, mas questionou a maneira como Ele a faria conceber um filho. E questionando fortaleceu sua certeza no projeto de Deus.

Tomé questionou a identidade daquele que havia aparecido aos outros discípulos, pois queria a certeza de que o Ressuscitado era quem havia conhecido, o Senhor. Tomé questionou porque queria acreditar por ele mesmo na sua liberdade. E ao ver o Senhor fez a bela profissão de fé: "Meu Senhor e meu Deus!" (Jo 20,28); diante das chagas, Tomé mergulhou no profundo mistério de Jesus Cristo: Ele é o Filho de Deus (SECRETARIADO NACIONAL DE LITURGIA, 2016).

Questionamentos sobre a fé podem ser sinal da vontade de conhecer melhor Deus e o mistério do seu amor por todos nós. Então, é bom quando nos questionamos sobre a nossa fé, porque isso nos leva a aprofundá-la. No entanto, as questões devem ser superadas e, para isso, precisamos escutar a Palavra de Deus e compreender o que Ele nos diz. A catequese e os momentos de formação são lugares privilegiados para a escuta e a compreensão da Palavra.

Jo 3,1-15

Leia e reflita sobre esse encontro e o que a atitude de Nicodemos lhe ensina.

1.2.6 Fé e conversão

"Eis o que é a fé: entregarmo-nos a Deus, mas transformando a própria vida" (PAPA JOÃO PAULO I, 1978). Belas e inspiradoras palavras! Deus nos chama para estarmos em comunhão com Ele, em uma relação pessoal e verdadeira; ao fazermos uma experiência viva de Deus e lhe darmos nossa resposta de fé, nossa vida, tocada por Ele, é transformada. Não existe experiência verdadeira sem mudança na vida, sem conversão; se não atingir nossa maneira de pensar, de sentir, de agir, de nos relacionarmos, a experiência não é real nem há fé sincera e verdadeira, pois não existe relação com Deus que não desperte em nós a vontade de querer imitá-lo.

O apelo que Jesus faz à conversão é parte essencial do anúncio do Reino (cf. Mc 1,15) e continua em todos os dias da nossa vida. Esse esforço de conversão não é apenas humano, pois é a resposta do coração atraído e movido pela graça ao amor infinitamente misericordioso de Deus, que tem a iniciativa do amor. Não foi isso que aconteceu com São Pedro? Primeiro negou Jesus, que o olhou com imensa misericórdia, provocando seu arrependimento (cf. Lc 22,61s.); depois da Ressurreição do Senhor, Pedro afirmou com convicção seu amor por Ele (cf. Jo 21,15-17) (cf. CIgC, n. 1428).

Alguém pode dizer: "Ah, mas Deus me ama assim como sou, com minhas dificuldades e meus erros". Sim, é verdade, Deus ama cada um de nós com "amor de predileção", independentemente das nossas falhas. Mas isso não significa que não precisamos mudar! O resultado de uma experiência radical de Deus, a descoberta e a aceitação do seu amor por nós, é que nos movem para querermos ser melhores – para Ele, para os outros, para nós mesmos. Fé é caminho para a conversão pessoal, e envolve compromisso e exigências para colaborar com o Plano de Deus e trazer o Reino para aqui e para o hoje.

Lc 22,61-62; Jo 21,15-17

Reflita sobre esses momentos da vida de São Pedro; o que eles ensinam?

1.2.7 Fé e razão

Em muitos momentos da história a relação entre fé e razão foi questionada; no século XXI ainda faz sentido falar sobre isso? Fé e razão são ou não incompatíveis? São ou não importantes para a vida humana nesses tempos?

A fé procura compreender (cf. CIgC, n. 158). Na famosa frase que abre o texto da Encíclica *Fides et Ratio* São João Paulo II afirmou:

> A fé e a razão constituem como que as duas asas pelas quais o espírito humano se eleva para a contemplação da verdade. Foi Deus quem colocou no coração do homem o desejo de conhecer a verdade e, em última análise, de conhecer a Ele, para que, conhecendo-o e amando-o, possa chegar também à verdade plena sobre si próprio" (FR, 2006).

Em outras palavras: Deus nos fez capazes de crer nele, de nos encantarmos por Ele e de aceitar e crer na Verdade (cf. CIgC, n. 153).

Galileu Galilei, no início do século XVII, declarou que a fé e a ciência não podem ser contraditórias, pois tanto a Escritura Sagrada como a natureza têm origem em Deus. O Concílio Vaticano II empregou expressões semelhantes para dizer que uma pesquisa em qualquer campo do saber, quando realizada de acordo com as normas morais, nunca irá se opor à fé, pois as realidades seculares e as da fé têm origem no mesmo Deus: Aquele que fez as coisas que os cientistas estudam e sobre as quais se sustentam é o mesmo Deus que se revela como Pai de nosso Senhor Jesus Cristo (cf. FR, n. 34).

O Papa Francisco afirmou que a fé procura e tem confiança na razão, pois ambas provêm de Deus e, portanto, não podem se contradizer uma à outra. Para Francisco, "o diálogo entre ciência e fé faz parte da ação evangelizadora que favorece a paz" (cf. EG, n. 242). Porém, na discussão sobre fé e razão com frequência nos deparamos com duas diferentes ideias: o fideísmo e o racionalismo; isto é, a recusa e a supervalorização da razão. O fideísmo é a aceitação cega do Mistério sem o auxílio da razão; embora mostre abertura à Revelação divina, não considera que esta foi dirigida aos homens, criados com a capacidade de entendimento e de crítica, sem a qual seriam levados "em roda por todo o vento de doutrina" (Ef 4,14). O racionalismo é a crença apenas naquilo que pode ser explicado pela ciência; mostra a tentativa do homem de conhecer a verdade, mas sem reconhecer a limitação da sua razão. São duas respostas extremadas e, portanto, são incompletas. A Igreja traz o equilíbrio e leva em consideração tanto a fé como a razão. Assim, uma terceira resposta valoriza tanto o homem, criatura de Deus dotado de inteligência, como a graça: a razão ajuda a compreender o que é revelado (cf. DV, n. 6).

At 17,10-12
Leia os versículos e procure compreender o sentido de examinar.

1.2.8 Fé e transformação do mundo

Na Conferência de Puebla os bispos latino-americanos afirmaram:

> [...] as situações de pobreza, injustiça e desrespeito são um sinal acusador de que a fé não teve a força necessária para penetrar os critérios e as decisões dos setores responsáveis da organização da convivência social e econômica de nossos povos" (Puebla, n. 437).

Essas são palavras fortes: quando a fé não se faz ação, o mundo se torna mais pobre, mais excludente, mais injusto. Não podemos falar de Deus sem procurarmos fazer sua vontade (cf. Mt 7,21) e sem mostrarmos com nossa própria vida uma relação com Ele; e só com a experiência de encontro com o Mistério do Deus vivo pode nascer uma nova forma de ver o mundo. Uma fé verdadeira e madura caminha junto com a vontade de transmitir valores e transformar o mundo, excluindo toda forma de individualismo ou insensibilidade diante do outro.

O Papa Francisco, comentando a Parábola do Bom Samaritano, afirmou que "o fato de crer em Deus e o adorar não é garantia de viver como agrada a

Deus" (FT, n. 74). A fé, sem dúvida, tem um lado religioso; isto é, da oração, da leitura bíblica, da vivência dos sacramentos, que é fundamental, mas que não pode ser desligado de um outro, que se manifesta pela prática da justiça e da solidariedade, do amor social e da fraternidade universal. É preciso aprender a conciliar o lado religioso e essa prática para fazer experiências vivas de fé. A catequese, sem dúvida, pode ajudar os catequizandos, especialmente os adultos, a sustentar sua fé com esses dois lados – como em uma engrenagem, na qual o movimento simultâneo das rodas é que faz o conjunto funcionar.

> **Lc 10,25-37**
> Leia e reflita sobre a parábola do bom samaritano e como ela pode ajudar a compreender e viver uma fé transformadora do mundo.

1.2.9 Fé e comunidade

Quando falamos sobre fé não podemos nos esquecer da importância da comunidade. A fé é vivida em uma comunidade que dá testemunho e transmite palavras e símbolos que nos colocam em contato com Jesus. Quem busca crescer na fé "precisa sentir-se bem na comunidade e descobrir nela o exemplo concreto do tipo de vida com o qual ele quer se comprometer" (CNBB, 2009, p. 84), porque o seu sim a Jesus implica fazer suas a expressão e a prática da comunidade: a fé e a moral cristãs. Essa comunidade, para nós, católicos, é a Igreja Católica.

A comunidade tem papel importante na transmissão e na prática da fé; mas é necessário não esquecer a pessoa, sempre única e irrepetível. Na igreja encontramos uma grande diversidade de pessoas e de modo algum podemos igualar todas elas e suas experiências, muito menos massificar a fé. Jesus privilegiava os encontros mais pessoais, nos quais se dirigia à pessoa na sua originalidade e a ela se revelava; foi assim com a mulher samaritana (cf. Jo 4,4-26), com Nicodemos (cf. Jo 3,1-15), com Zaqueu (cf. Lc 19,1-10).

Ninguém pode ter fé em meu lugar, mas isso não significa que a fé seja um ato unicamente individual. Ninguém crê sozinho, e ninguém pode dar a fé a si mesmo. A Igreja ensina que a fé é um ato pessoal e ao mesmo tempo eclesial: a minha fé é a fé da minha Igreja, é a fé daqueles de quem recebo testemunho e com quem aprendo a ser comunidade. A fé de cada crente se alimenta na comunidade e, ao mesmo tempo, abastece sua comunidade para que ela siga anunciando Jesus Cristo como o Senhor, o Filho do Deus vivo. No Catecismo da Igreja Católica há uma imagem curiosa para explicar a fé pessoal no âmbito da comunidade: cada crente é como um elo na corrente dos crentes; ninguém crê sem ser carregado pela fé dos outros, e, cada um, com sua fé, contribui para carregar a fé dos outros (cf. CIgC, n. 166).

At 2,42-47

A partir da leitura desses versículos, reflita sobre como a comunidade pode ajudar o adulto a viver sua fé.

1.3 Passos no caminho da fé

Tendo em mente essas características da fé, podemos olhar para o caminho que percorremos em nossa vida de fé. Esse caminho é marcado por três passos: compreender, aceitar e agir. Porém, compreensão, aceitação e ação não são passos cristalizados ou paralisados. Apenas a compreensão é como um estudo que fala à mente, sem tocar o coração; a aceitação sozinha indica comodismo ou mesmo indiferença; e apenas a ação corre o risco de se transformar em assistencialismo. Compreensão, aceitação e ação também não são passos isolados, e até se confundem: quando aceitamos, buscamos compreender, e quanto mais compreendemos mais agimos, o que aumenta em nós a aceitação e desperta a vontade de compreender mais. É isso que nos move como pessoas de fé. O caminho da fé se faz caminhando – como os discípulos de Jesus que aprenderam com Ele e não em normas ou doutrinas: uma experiência adquirida pela vivência.

Lc 19,1-10

Leia e identifique no caminho de fé de Zaqueu os passos da compreensão, aceitação e ação.

CAPÍTULO 2

CAMINHOS PARA EXERCITAR, AUMENTAR E TRANSFORMAR A NOSSA FÉ

Certa vez os apóstolos pediram a Jesus: "Aumenta a nossa fé!" (Lc 17,5). Dirigindo esse pedido ao Mestre, eles mostraram ter entendido que Jesus era origem e objeto da fé, mas não lhe entregaram o cuidado com sua fé. A partir da convivência com Ele tinham aprendido que cada um era responsável por mantê-la viva. Jesus respondeu citando o exemplo da semente de mostarda (cf. Lc 17,6). É interessante perceber que Ele não falou sobre algo visível e grande, mas destacou a força escondida em uma pequena semente, com todas as suas possibilidades. As palavras de Jesus chamaram a atenção: ao dizer *"ainda que* do tamanho de uma semente de mostarda", Ele mostrou que o importante é que a nossa fé seja transformada, atuante e aberta à ação de Deus por meio de nós e em nós.

Podemos comparar nossa vida cristã a uma árvore enraizada na fé que recebemos. Assim como o solo precisa de cuidados constantes para transformar continuamente a planta e manter a árvore saudável, a fé precisa ser cuidada para permanecer viva e transformadora, para produzir muitos frutos de vida plena. A oração, a escuta e a meditação da Palavra de Deus, a vivência dos sacramentos, a participação na comunidade eclesial e a experiência de servir são cuidados importantes para perseverar na fé (cf. CIgC, n. 162) e transformar a vida.

2.1 Perseverança na oração

São João Vianney, Cura d'Ars (século XVIII), observou que um homem vinha à igreja diariamente e ficava um longo tempo diante do Sacrário, em silêncio. Certo dia, o Cura se aproximou desse homem e perguntou o que ele fazia ali, em total silêncio. O homem respondeu, apontando para o Sacrário: "Eu olho para Ele, e Ele olha para mim!" (CIgC, n. 2715). Quantos "olhares" já não teriam trocado? Quanta simplicidade nessa relação de profunda intimidade com o Senhor!

As Escrituras Sagradas nos apresentam muitos exemplos do valor da oração. De Abraão aos primeiros cristãos, a oração foi o instrumento que levou homens e mulheres a perseverar, vencendo dificuldades sem nunca se afastarem de Deus. Foi no Santuário de Siquém que Abraão, a quem nomeamos "pai da fé", ouviu o Senhor: "Darei esta terra à tua descendência" (Gn 12,7). Abraão foi obediente, porque tinha fé e era um homem de oração, e sua vida foi totalmente renovada por Deus. Moisés, no Monte Horeb, o monte de Deus, ouviu a voz do Senhor que o chamava da sarça ardente (cf. Ex 3,1-6). Pela experiência de oração, Moisés teve a vida transformada e se tornou instrumento de libertação para o povo oprimido no Egito.

E há muitos outros exemplos de homens e mulheres que, vivendo uma experiência profunda de oração, viram Deus tocar suas vidas e se tornaram meios de transformação para o povo: Josué, Elias, Débora, Rute, Pedro e Paulo. Estavam intimamente unidos a Deus pela oração, e Ele agia na vida de cada um e por meio de cada um deles.

Orar é olhar para dentro de nós mesmos e conversar com Deus, contando as coisas simples ou difíceis da nossa vida; é dirigir a Ele palavras de agradecimento, de súplica, de dor, de revolta, de dúvida. Essa conversa ajuda a nos conhecermos mais e a enxergar e aceitar a vida com suas múltiplas cores. Quando oramos, nós paramos, deixando de lado as tarefas; aquietamos o coração e nos lançamos à experiência de filhos amados no colo do Pai; isso nos alimenta para darmos nossa resposta de fé. Nessa relação de entrega confiante e de dócil escuta precisamos ficar atentos às respostas e aos chamados de Deus, porque na oração nos conectamos com as possibilidades que Ele nos oferece; isto é, com tudo aquilo que Ele pode transformar, iluminar e animar em nossa vida.

Pensemos, mais uma vez, em nossa vida cristã como uma árvore, e a fé como o solo no qual ela está plantada. As folhas dessa árvore são nossas orações. Assim como a árvore respira pelas folhas, nossa vida cristã respira pela oração: sem a respiração a árvore morre; e sem a oração nossa vida cristã morre.

Deus nos deu a oportunidade de estarmos próximos dele pela oração. Ela é indispensável para nos fortalecermos espiritualmente e nos sustenta para as lutas do dia a dia. Sendo perseverantes na oração, crescemos como pessoas e nos fortalecemos como crentes. A oração diária, mais do que um longo tempo de devoção, deve ser uma conversa com Deus, uma conversa com um amigo verdadeiro. Da mesma maneira como nossas amizades são fortalecidas com encontros e partilhas sinceras, nossa intimidade com Deus cresce nesses momentos de conversa com Ele. E quando crescemos na intimidade com Deus, passamos de orações decoradas (que têm, é claro, grande valor) às nossas próprias palavras, em um verdadeiro encontro de amor.

Lc 18,1-8
Reflita sobre o sentido da oração em sua vida.

2.2 Escuta e meditação da Palavra de Deus

A Palavra de Deus ocupa um lugar privilegiado em nossa vida cristã. A experiência da Palavra é um mergulho no diálogo com Deus, que fala continuamente com cada pessoa, e cria intimidade e partilha com Ele. Nessa experiência nós nos descobrimos presentes na Palavra: somos filhos e irmãos diante do Pai.

"Ninguém vai ao Pai senão por mim", disse Jesus (Jo 14,6); ninguém chega à fé em Deus sem ouvir o Evangelho de Jesus Cristo, seu Filho. Mas não é simples se deixar convencer por palavras muitas vezes distantes do jeito comum de pensar e que nos colocam diante de perspectivas novas e desafiadoras. A Palavra de Deus interpela cada pessoa, sempre de modo único, e provoca uma resposta: ou escutar o Senhor e acolher a Palavra na vida, ou recusá-la. Talvez alguém se sinta desanimado e pense que é impossível escutá-la e segui-la, como aqueles que disseram "Esta palavra é dura. Quem consegue escutá-la?" e abandonaram Jesus (cf. Jo 6,59-66). Mas, há aqueles que, como Pedro, acolhem a Palavra – "A quem iremos, Senhor, Tu tens palavras de vida eterna" (Jo 6,68) – e se abrem ao diálogo amoroso com o Pai, abandonando-se confiantes e obedientes à sua Palavra. Quem tem fé e entende o que isso significa, faz da Palavra gesto concreto e tem atitudes transformadoras.

> **Jo 6,59-69**
> Leia e medite sobre sua resposta à Palavra de Deus.

2.3 Vivência dos sacramentos

Os sacramentos são sinais eficazes pelos quais Deus transmite sua graça, e que estão ordenados à santificação dos homens e à edificação do Corpo de Cristo. Eles não só supõem a fé (isto é, a fé precede a celebração sacramental) como a alimentam, a fortificam e a expressam por meio de palavras e coisas; por essa razão, são chamados *sacramentos da fé*; ou seja, sinais da fé. Ao nos deixar os sacramentos, Jesus nos ensina que Ele se comunica conosco e nos transmite sua salvação de modo sensível e visível; isto é, de acordo com nossa condição humana (cf. COMISSÃO TEOLÓGICA INTERNACIONAL, 2019).

Já dissemos que a fé não é algo garantido para sempre, mas precisa ser cultivada para que permaneça forte e não seja abalada pelas lutas diárias em nossa vida. De modo muito especial, a prática dos sacramentos é um modo de fortalecer e animar a nossa fé. É como em nossos relacionamentos humanos: aquilo que não é dito nem praticado corre o risco de enfraquecer ou, até mesmo, desaparecer.

A vivência sacramental, especialmente dos sacramentos da Reconciliação e da Eucaristia, marca a existência do cristão como fonte que renova as forças para seguir no caminho. A Eucaristia é sinal e memória de Jesus, que dá a sua vida por nós e nos convida a fazermos como Ele fez; a Reconciliação é sinal e presença da misericórdia e do amor infinito do Pai por nós, que nos chama a ter essas mesmas atitudes com os outros. Jesus Cristo não poderia ser acolhido apenas de modo invisível ou particular; ao contrário, quando o recebemos nós nos tornamos capazes e somos chamados a incorporá-lo plenamente em nossas palavras, em nossos pensamentos, em nossas ações; enfim, em toda a nossa vida (cf. COMISSÃO TEOLÓGICA INTERNACIONAL, 2019). Em outras palavras, como durante muitos anos ouvi em várias homilias, nós nos deixamos tornar *outros cristos:* dessa experiência de fé passamos a assumir o jeito de ser do Mestre.

Celebrando os sacramentos, isto é, os momentos fortes da vida de cada pessoa e de toda a comunidade (nascimento, matrimônio, Eucaristia) celebramos a vida de cada um que traz consigo sentimentos, conquistas, lutas, aspirações. A prática contínua dos sacramentos é alimento para a fé, pois, ao expressarmos em quem cremos (cf. 2Tm 1,12), nós nos envolvemos em um processo de modificação de nós mesmos e que se alarga para o mundo. Sacramento, portanto, exige e conduz ao engajamento, porque nos faz crescer na fé em Jesus Cristo e nos fortalece para termos em nós os seus gestos.

> **Lc 24,28-33**
> Faça a Leitura Orante do texto, tendo em mente sua vivência sacramental.

2.4 Participação na comunidade

É na comunidade que nasce a fé em Jesus; é na vida em comunidade que a fé se fortalece e é continuamente alimentada. Na verdade, a fé tem necessidade da comunidade, porque cremos na fé da nossa Igreja. Cada pessoa tem seu lugar único e intransferível na comunidade eclesial, e só nela podemos fazer a experiência concreta da pertença ao corpo de Cristo (cf. SC, n. 76). As pastorais e os movimentos têm o papel de contribuir para que os fiéis percebam, acolham e assumam sua pertença ao Senhor (cf. Rm 14,8) e coloquem em prática aquilo que pede a fé, exercendo funções e trabalhando para o crescimento do Reino.

São muitas as ocasiões na comunidade em que podemos alimentar nossa fé. Celebrações, expressões da piedade popular, encontros dos grupos de reflexão e de outros grupos comunitários são espaços especiais para aprender e exercitar a vivência cristã. São esses espaços que mantêm acesa a chama do coração que se encantou por Jesus e fortalecem os discípulos para irem para as ruas, assumindo sua missão no mundo.

> **1Pd 4,9-11**
> Leia e medite sobre o sentido de colocar à disposição dos outros o dom recebido.

2.5 Experiência de servir

Quando, pela fé, acolhemos o amor que Deus dedica a cada um de seus filhos, entendemos que não podemos guardá-lo para nós: ele deve ser comunicado a todos. O fascínio e a grata alegria pelo dom que Deus nos concedeu em Cristo marcam nossa existência com um dinamismo que nos compromete como testemunhas do seu amor (cf. SC, n. 85). Assim, reconhecemos o rosto do Senhor naqueles que pedem nosso amor (cf. PF, n. 14) e buscamos servir, imitando Aquele que se fez servo por amor a nós e em quem depositamos a nossa fé e a nossa esperança. Fazer a experiência de servir – serviço comunitário, eclesial, social – e praticar a caridade significa abrir-se à possibilidade de descobrir o outro e conhecer realidades que podem e devem ser transformadas. Também nessa experiência nossa fé é revigorada.

> **Mt 25,40**
> Reflita sobre esse versículo.

2.6 Escuta de Deus que fala em nossa vida

Nossa vida tem alegrias e tristezas, prazer e sofrimento, paz e conflitos, conquistas e derrotas; não temos como escapar disso. Mas mesmo quando a vida é dura, é *vida*. É preciso aceitar a sua beleza e ouvir Deus que nos fala em nossa vida pessoal, por mais difícil que ela seja. Se não temos fé na vida, como termos fé no Deus da vida?

Os desafios que enfrentamos em nossa vida são, na verdade, uma escola de amadurecimento da fé. É pela fé que somos capazes de reconhecer em nossa história pessoal um pouco da história narrada nas Escrituras Sagradas, com seus momentos de conflito e de paz, de desânimo e de esperança, de espera e de ação, de dúvidas e de certezas; pela fé relacionamos nossa vida à de tantas pessoas que buscaram a Deus, desde Abraão até os primeiros cristãos e os dias de hoje. Em especial, pela fé enxergamos nossa vida na vida do Senhor.

Quando nos sentimos ameaçados em consequência de decisões que tomamos, não somos como Elias (cf. 1Rs 19,1-4)? Ou quando lamentamos os rumos que nossa vida tomou e nos questionamos *por que tem que ser assim?*, não somos como o povo no deserto (cf. Nm 20,2-5)? E quando nos vemos assumindo lutas que considerávamos impossíveis, não nos parecemos com David (cf. 1Sm 17)? Nessas, e em tantas outras situações, nosso coração não se aquece com a esperança das palavras de Jesus: "No mundo tereis aflições. Mas tende coragem! Eu venci o mundo" (Jo 16,33)? Não nos sentimos acolhidos no seu abraço quando nos diz: "Vinde a mim, todos vós que estais cansados e carregados de fardos, e eu vos darei descanso" (Mt 11,28)?

Certamente não é fácil ter esperança na vida quando tudo à nossa volta parece não ter sentido. Mas ter fé e seguir Jesus não é buscar o mais fácil ou o que é mais prazeroso; seguir Jesus exige escolhas e esforço pessoal para alcançar o que Ele nos prometeu. Nos momentos difíceis, podemos ser tomados pelo desânimo e pela tristeza (cf. CNBB/REGIONAL SUL II, 2011). Mas ser cristão não é se deixar viver em um "vale de lágrimas"! Não podemos ser "cristãos de Sexta-feira Santa"... Ser cristão convicto é mostrar a alegria de seguir Jesus porque tem fé naquele que disse "Não se perturbe o vosso coração..." (Jo 14,1).

Para se posicionar na sociedade diante de questões importantes, que dizem respeito, por exemplo, à justiça, ao meio ambiente, à dignidade humana ou ao trabalho, o cristão maduro na fé irá discernir; isto é, colocar-se em atitude de escuta com fé, e buscar em Deus, que nos fala, o caminho para compreender a pessoa humana e a sociedade e promover o bem de todos. É assim que poderá construir um projeto pessoal de vida autêntica, projeto de comunicação com o mundo e com as pessoas, fundamentado no testemunho de fé e na experiência de Deus.

Lc 12,22-34

Realize a Leitura Orante do texto, meditando sobre a força da Palavra de Deus em sua vida.

CAPÍTULO 3

FALAR SOBRE A FÉ É OFERECER UMA PROPOSTA DE VIDA

Todos nós, com nossa liberdade, podemos escolher o que queremos ser e o que queremos fazer com nossa vida. Um projeto de vida é algo que faz parte da pessoa; é um convite para tomarmos a vida em nossas mãos. Como cristãos, construindo nosso projeto de vida sedimentado sobre Jesus (cf. Mt 7,24-47), descobrirmos a grandeza de fazer escolhas e tomar decisões, de maneira livre e comprometida, pessoal e comunitária.

3.1 Para que serve a fé?

Afinal, para que serve a fé? É mesmo importante ter fé? Podemos responder essas questões falando sobre a promessa de Deus e nosso papel no mundo.

Em primeiro lugar lemos na Bíblia que a fé é canal da graça que salva (cf. Ef 2,8); isto é, a graça divina, pura expressão de amor, chega a cada pessoa por meio da fé. Portanto, a fé em Jesus Cristo e naquele que o enviou é necessária para alcançar a salvação (cf. Jo 3,36). Em segundo lugar, a fé em Jesus Cristo nos leva a repensar a maneira como nos relacionamos com as outras pessoas, porque nós vivemos a fé que temos. Jesus, nosso modelo e nosso Mestre, nos ensina a querer o bem de todos, a amar sem querer nada em troca, a acolher e amar mesmo quando somos rejeitados. Esse amor livre, gratuito e fraterno era uma marca entre os primeiros seguidores de Jesus, que dele ouviram, e com Ele aprenderam, que pelo amor praticado seriam reconhecidos como seus seguidores (cf. Jo 13,35). Por fim, há ainda um terceiro ponto: só podemos mudar a realidade à nossa volta quando mudamos o nosso jeito de olhar para o mundo e para a vida, e só a fé em Jesus Cristo pode provocar em nós essa mudança. É a fé que nos move a ter atitudes para gerar frutos de vida, e nos faz querer a transformação do outro e do mundo para que "Deus seja tudo em todos" (1Cor 15,24-28).

A fé cristã é uma proposta de vida na qual a pessoa é o centro de valores – não nos esqueçamos de que Deus olhou com especial cuidado e interesse para o homem (cf. Sl 8,4-6). E nosso projeto de vida cristão irá mostrar, no dia a dia, o horizonte da nossa fé, isto é, "em quem colocamos nossa fé" (2Tm 1,12).

Essas não são ideias abstratas, pois a fé não é algo abstrato. A fé é vida e na vida a fé deve ser colocada em prática na relação com os outros e no serviço aos irmãos. São gestos e atitudes muito concretos que brotam no cotidiano quando entendemos o sentido da fé e nos deixamos conduzir livre e conscientemente por ela.

Jo 6,40
Refletindo sobre esse texto, pense em seu projeto de vida e a vontade do Pai.

3.2 Que consequências a fé traz para a minha vida?

Esta é outra pergunta que muitas pessoas se fazem. Pela fé conquistamos favores especiais de Deus ou garantimos nosso lugar no céu? A fé pode mover a nossa vida?

Nas Escrituras Sagradas encontramos vários exemplos de consequências para a vida daqueles que tinham fé. Foi pela fé que Abraão partiu para uma terra desconhecida, obediente a Deus (cf. Gn 12,4), e aceitou oferecer seu único filho em sacrifício (cf. Gn 22,1). Pela fé os pais de Moisés esconderam o recém--nascido (cf. Ex 2,2); também pela fé Moisés guiou os filhos de Israel para fora do Egito (cf. Ex 14,21-31). Muitos outros personagens, movidos por uma fé verdadeira, resistiram a perigos, praticaram a justiça, transformaram histórias (cf. Hb 11).

Deus age conosco tal como agiu com Josué, com uma promessa e uma orientação. A promessa era que o povo de Israel, de fato, entraria na terra prometida a Abraão, a Isaac e a Jacó; a orientação estava nas palavras repetidas por Deus: "Sê forte e corajoso" (cf. Js 1,6.7.9). Nós recebemos de Deus a promessa da salvação, e a orientação é para sermos "fortes e corajosos" no esforço para alcançá-la (cf. Lc 13,24). E como Deus não nos abandona jamais, recebemos dele o dom da fé para nosso auxílio e sustento. Deus não age assim para nos dar certezas, mas para nos fazer crescer na fé e alimentar nossa esperança.

Voltemos a pensar em um presente recebido, mas rejeitado. Qualquer presente só causa algum efeito na vida de quem o recebe se for aceito. Ninguém se beneficia de algo que não aceita! Quando com nossa maneira de viver e de nos posicionarmos no mundo recusamos a fé, certamente ela não trará qualquer consequência para a nossa vida. Porém, toda vez que praticamos e vivemos a nossa fé, nós nos lembramos *de quem* a recebemos e *por que* a recebemos. Dessa lembrança brotam em nós gratidão, alegria, fraternidade, esperança, que se tornam visíveis na maneira como agimos e como nos posicionamos no mundo. Assim, essa fé-presente torna-se, ao mesmo tempo, resposta e ação, espalhando sementes de vida plena.

Há ainda outro aspecto importante: a fé não é um ato isolado ou ocasional. Ela alcança nossas escolhas de vida e sustenta nossas decisões. Por isso, viver livre e conscientemente a nossa fé traz consequências para nossa vida pessoal, familiar e social! O que dizer de quem se diz cristão e fala muito sobre Deus, mas pratica injustiças, aceita com naturalidade a violência contra pobres, negros e mulheres, defende políticas que oprimem minorias e concedem privilégios a alguns poucos? É uma fé árida e indiferente que nada traz à vida da pessoa nem ao mundo. Mas uma fé verdadeira é luz em todas as situações e ajuda a dar sentido à vida, isto é, a ter uma direção para fazer escolhas e tomar as decisões do dia a dia. Jesus ensinou que não basta dizer que acreditamos, mas precisamos viver o que dizemos que acreditamos. É uma questão de coerência entre pensar, falar e fazer!

> **Mt 25,31-40**
> À luz do texto, medite sobre o significado de viver conforme a nossa fé.

3.3 Não se trata de conteúdo...

Talvez alguns estejam se questionando: então deve haver vários encontros abordando todos os aspectos da fé? A resposta é não, porque *não se trata de conteúdo...* Na verdade, falamos sobre a fé em todos os temas da catequese; em cada encontro, a cada texto bíblico apresentado para a reflexão o tema da fé é revisitado para que os catequizandos possam compreender sempre mais o seu significado em sua vida. Os principais elementos da fé são, assim, apresentados nos gestos, nas palavras e nas ações das experiências humanas, confrontados e iluminados pela Palavra de Deus. Se, por um lado, a experiência humana desperta questionamentos, por outro, a fé move o olhar para a mensagem de Deus, que propõe comunhão conosco.

Tomemos como exemplo os encontros de Jesus com Zaqueu (cf. Lc 19,1-10), o paralítico (cf. Mc 2,1-12), o surdo-mudo (cf. Mc 7,31-37) e outros mais. Eles são emblemáticos para a catequese. Esses textos dizem muito sobre experiência de Deus, abertura à sua ação em nossa vida, conversão. Nos grupos de catequese ou de formação, eles permitem uma boa reflexão sobre a fé, suas características e suas consequências. Cada relato é um convite a começar com Jesus um processo de amadurecimento. A transformação percebida em cada um dos personagens facilita a compreensão de um projeto de vida fundamentado na proposta de Jesus para nós. Devemos ter claro que de nada adianta propor um conteúdo sobre a fé sem haver, em primeiro lugar, um esforço autêntico para um encontro com Alguém que se manifesta em nossa vida. O encantamento e o amor não nascem nem crescem somando conhecimentos sobre alguém, mas precisam de proximidade; mais ainda, de intimidade com esse Alguém. Por isso precisamos trazer a "frequentação" de Deus para a catequese: escutar sua Palavra, sentir sua presença, louvar suas ações, orar com confiança, celebrar (cf. REY-MERMET, 1979).

Falar sobre fé, portanto, é muito mais do que oferecer um conteúdo: é oferecer um projeto de vida, uma experiência de caminhada que abraça a pessoa por inteiro (física, intelectual, espiritual e afetivamente); é oferecer uma experiência de descobertas, de encontros, de conhecimentos conquistados, de partilhas, de dúvidas. Essa experiência, mais do que um conjunto de diferentes atividades, precisa ser um mergulho na realidade de cada pessoa, do qual ela sai transformada.

> **Jo 4,4-42**
> Faça a Leitura Orante do texto, mergulhando em sua experiência de fé à luz do encontro de Jesus com a mulher samaritana.

3.4 ... mas se trata da vida de cada um!

Os catequizandos adultos têm muitos questionamentos que mostram o quanto falar sobre a fé é provocador: afinal, tenho mesmo fé? Em quem, em quê? Quais as verdades da fé que definem o cristão? Em que, com quem devo me comprometer? Também aqueles que já passaram pela catequese, muitas vezes, fazem-se essas mesmas perguntas.

Em primeiro lugar, e a partir das reflexões sobre os textos bíblicos e da experiência de comunidade, deve vir a compreensão de que a fé faz parte da vida de cada pessoa. Não dá para separar uma parte da vida e dela deixar de fora a fé que dizemos ter, nem reduzir a fé à participação em alguns momentos na Igreja. Nos dois casos foram esquecidas as palavras de Jesus: "Credes em Deus, crede também em mim" (Jo 14,1b). É verdade que vivemos uma época em que é um desafio ter e expressar nossa fé, em um mundo tão cheio de promessas, de caminhos e de verdades, e ao mesmo tempo tão confuso. Mas Jesus insiste e, como disse aos discípulos, diz a cada um de nós: tenham fé, "Eu sou o Caminho, a Verdade e a Vida" (Jo 14,6).

Sendo ato, resposta, questionamento e caminho para conversão, a fé não pode ficar restrita a uma adesão meramente racional ao plano de amor de Deus nem se aquietar presa à pessoa; cada um deve descobrir a maneira de praticá-la em sua vida, a partir da experiência feita do encontro pessoal com Jesus. Na acolhida verdadeira e radical da Palavra a fé se torna vida, e nela se alarga sempre mais. Depois de acolhida como dom valioso recebido de Deus, nós reconhecemos que não estamos sozinhos: nossa fé é a fé da nossa Igreja; e no passo seguinte, totalmente abertos, fazemos da nossa fé compromisso, envolvendo nossa perspectiva de vida e marcando nosso jeito de estar no mundo.

Mt 7,21-23
Reflita sobre as palavras de Jesus e como elas exprimem o significado da fé.

CAPÍTULO 4

ROTEIROS DE ESTUDO

Este capítulo traz uma proposta de roteiros para o estudo em grupo, com catequistas ou agentes de pastoral. Cada roteiro deve ser entendido como instrumento que favoreça a partilha, e a dinâmica sugerida considera como base o texto do livro e os textos bíblicos a ele associados e que foram sugeridos para reflexão. Para isso, todos os participantes devem ter em mãos o texto que será estudado.

É interessante haver um animador, que, para bem conduzir esse momento, deverá ter feito previamente seu estudo pessoal, refletindo sobre os textos bíblicos propostos e registrando os pontos que considera mais relevantes para o grupo.

ROTEIRO 1: O QUE É A FÉ?

Objetivo: Compreender o que é a fé, com suas diversas características e implicações.

Ambientação e materiais

- Colocar em destaque, no local do encontro, uma faixa ou um cartaz com a pergunta que indica o capítulo 1: O QUE É A FÉ?
- Ao centro do local do encontro deixar bem visíveis (por exemplo, sobre uma mesa) uma Bíblia, um crucifixo, uma vela e um pequeno vaso com flores. No chão, desenhar uma grande cruz (ou recortar em papel); o tamanho da cruz deve ser suficiente para que os papéis que serão colocados no contorno, lado a lado, deixem a definição de fé visível.
- Disponibilizar aos participantes um pequeno papel branco no qual estará escrita uma das palavras da definição de fé que encontramos em Hb 11,1: "A fé é a certeza daquilo que ainda se espera, a demonstração de realidades que não se veem. Por ela os antigos receberam um bom testemunho de Deus". (Dependendo do número de participantes, só alguns irão receber o papel, mas todos devem ser motivados para a dinâmica.)
- Entregar, também, a cada participante dois outros pequenos papéis coloridos, de cores diferentes. Esses papéis podem ser *post it* de cores diferentes, por exemplo azul e verde.

Para reflexão

- Acolher com alegria os participantes e convidar para que, juntos, repitam algumas vezes um refrão que remeta à fé; sugestão: *Confiemo-nos ao Senhor* disponível em: <https://youtu.be/CHPSWlVsFFc> Acesso em: 09 de jul. de 2022.

- Após traçarem sobre si o sinal da cruz, fazem todos juntos a Oração ao Espírito Santo: *Vinde, Espírito Santo, enchei os corações...*
- Para um breve momento de reflexão, inspirado no que nos diz Neto (2016, p. 2) sobre as imagens de guia e barqueiro aplicadas ao evangelizador, o animador propõe a seguinte afirmação: Cada catequista é como um barqueiro, fazendo passar os outros, passa ele também a outras margens. Depois de alguns instantes de silêncio (ou ao som de uma música instrumental que favoreça a reflexão), os participantes são chamados a partilharem os sentimentos e ideias que brotaram na reflexão.

Desenvolvimento da dinâmica

- A dinâmica será desenvolvida em dois momentos: antes e depois do estudo do texto.
- Nesse primeiro momento, os participantes devem colocar os papéis que receberam com as palavras da Carta aos Hebreus no contorno da cruz, "escrevendo" a definição de fé conforme nela apresentada. Quando a definição estiver completa, o animador faz um breve comentário.
- Os participantes são convidados a escrever em um dos papéis coloridos que receberam, por exemplo, no papel verde, uma palavra ou expressão que consideram relacionada à fé (todos escrevem no papel de mesma cor). Em seguida, esses papéis são colocados no interior da cruz. Ao final, todos são convidados a olhar para as palavras que foram escritas.
- O animador pode destacar as palavras que mais se repetiram, alguma palavra que só apareça uma única vez ou palavras que pareçam ser contraditórias.

Estudo em grupo

Os participantes devem formar cinco grupos (ou duplas, se forem poucos participantes). O animador orienta como será o estudo: cada grupo deverá ler parte do primeiro capítulo deste livro, conversar e preparar uma pequena síntese, destacando os elementos principais. As sínteses serão partilhadas com todos os participantes. É importante definir um tempo para leitura e reflexão. Sugestão para formação dos grupos:

- Grupo 1: O que é a fé? / Fé, uma palavra comum.
- Grupo 2: Para compreender o que é a fé. / Fé é dom de Deus. / Fé é resposta.
- Grupo 3: Fé é experiência.
- Grupo 4: A fé é ato humano. / Fé e questionamento. / Fé e conversão. / Fé e razão.
- Grupo 5: Fé e transformação do mundo. / Fé e comunidade. / Passos no caminho da fé.

Depois desse estudo, o animador convida para a partilha da síntese realizada por cada grupo, explicando ou complementando sempre que necessário.

Conclusão da dinâmica: Ao final da partilha, os participantes devem escrever no segundo papel colorido recebido, por exemplo azul, a palavra que mais os marcou no estudo, e colocá-lo também no interior da cruz. O animador convida para que todos se aproximem e olhem todas as palavras que estão sobre a cruz e faz um breve comentário, destacando, por exemplo, que pouco adianta compreender bem as características da fé sem fazer uma entrega pessoal, livre, confiante e radical da nossa vida ao Pai. Por isso, precisamos cuidar da nossa fé, para que ela cresça e seja transformada – e esse será o tema do próximo estudo.

Momento orante

- O animador convida todos para fazerem juntos a oração:
  Senhor Jesus, eu creio em ti, mas ajuda-me para que minha fé penetre em meus pensamentos e em minhas decisões. Que seja ela a definir como irei olhar para o mundo e os irmãos. Que não seja apenas uma fé de palavras, mas que eu saiba transformá-la em gestos concretos de partilha e de esperança para fazer deste mundo o terreno que guarda o tesouro do teu Amor infinito por nós. Assim seja.
- Para concluir o encontro, sugere-se este canto (ou outro à escolha do animador): "Quem nos separará", disponível em: <https://youtu.be/wrTyd6vdRmA> Acesso em 09 de jul. de 2022.

ROTEIRO 2: CAMINHOS PARA EXERCITAR, AUMENTAR E TRANSFORMAR A NOSSA FÉ

Objetivo: Conscientizar que a fé precisa ser cultivada continuamente para ser viva.

Ambientação e materiais

- Colocar em destaque, no local do encontro, uma faixa ou um cartaz com a afirmação: A FÉ PRECISA SER CULTIVADA.
- Ao centro do local do encontro deixar bem visíveis (por exemplo, sobre uma mesa) uma Bíblia, um crucifixo e um pequeno vaso com flores. Em um suporte alto, no centro, colocar o Círio Pascal, deixando espaço para que os participantes possam se posicionar à sua volta.
- Entregar aos participantes uma vela pequena, se possível, de cores ou tamanhos diferentes.

Para reflexão

- Acolher alegremente os participantes e convidar para que, juntos, cantem: Vem, Espírito Santo, disponível em: <https://youtu.be/owaX90l FJD0> Acesso em: 09 de jul. de 2022.
- Enquanto cantam, um dos presentes acende solenemente o Círio Pascal.
- Para um breve momento de reflexão, propomos a seguinte história:
  Rosana morava com seus pais em uma grande cidade. Sua avó Ana morava em uma pequena cidade do interior, em uma casa que ficava bem perto de uma montanha. Quando ia à casa da avó, Rosana olhava para o alto da montanha, sempre impressionada com seu tamanho. Vovó Ana gostava de provocar sua neta, perguntando o que a menina via na montanha. Rosana dizia que conseguia ver muitas árvores e uma enorme pedra. Sua avó, no entanto, dizia que na montanha havia muitas coisas mais, e que Rosana deveria olhar com mais cuidado. Ana combinou que levaria a neta para caminhar na trilha que subia a montanha. Rosana ficou muito feliz e

ansiosa porque, enfim, iria descobrir o que tinha lá para o alto. Num dia bem enso-
larado, avó e neta começaram a andar na trilha. Ana perguntou o que Rosana via; a
menina respondeu como sempre dizia: Árvores e a pedra enorme. Caminharam mais
um pouco, e Ana repetiu a pergunta. Rosana respondeu que via árvores grandes e
pequenas e a pedra enorme. Enquanto subiam pela trilha, Ana repetia a pergunta.
E a resposta de Rosana mudava... Quando chegaram no ponto mais alto da trilha,
Rosana disse: "Vovó, quanta coisa tem nessa montanha! Eu vi árvores grandes e ar-
bustos pequenos, grama, flores, pássaros, borboletas, formigas, pedrinhas, minhocas,
até um riachinho! Como é bonita esta montanha!"

- Depois de alguns instantes de silêncio (ou ao som de uma música instrumental que favoreça a reflexão), o grupo é convidado a se manifestar: O
  que essa história nos diz sobre a fé? Ana e Rosana, quem representam?
  Quanto mais mergulhamos em nossa relação com Deus, mais amadurece-
  mos na fé e nos tornamos capazes de ter um olhar diferente para o mundo.
  Ana é testemunha de fé, e transmite a fé a Rosana, que dá seus passos para
  crescer na fé "acompanhando" aquela que lhe dá testemunho. Finalizan-
  do, comentar: só com os olhos da fé conseguimos enxergar as realidades
  divinas e humanas como são, e isso nos impele a cuidar da nossa fé.
- Concluir cantando juntos, mais uma vez: "Vem, Espírito Santo".

Estudo em grupo

Formar três grupos para o estudo do capítulo 2 deste livro. Após discussão e
reflexão, cada grupo deverá preparar uma pequena síntese, destacando os elementos principais.

- Grupo 1: Oração; Escuta e meditação da Palavra.
- Grupo 2: Vivência dos sacramentos; Participação na comunidade.
- Grupo 3: Experiência de serviço; Escuta de Deus que fala em nossa
  vida.

Depois do estudo, o animador convida para a partilha das sínteses realizadas
pelos grupos, explicando ou complementando sempre que necessário.

Momento orante

- Se possível, os participantes se posicionem em círculo, à volta do Círio Pascal, cada um segurando sua vela apagada.
- Comentar: um dia foi acesa em nosso coração a chama da fé, e nós somos responsáveis por mantê-la acesa, isto é, por manter viva a nossa fé, para que ela ilumine nossa vida. O que significam cores ou tamanhos diferentes nas velas que os participantes receberam? As histórias pessoais, a maneira como cada um se relaciona com Deus, como cultiva sua fé e como a coloca em prática. Jesus disse "Eu sou a luz do mundo!" (Jo 8,12); vamos acender nossas velas, que representa a presença do Senhor entre nós.
- Enquanto os participantes acendem suas velas, podem cantar "Sim, eu quero" ou (outro canto apropriado), disponível em: <https://youtu.be/c1gRNVFCdFM> Acesso em: 09 de jul. de 2022.
- Motivar o grupo para uma breve oração pessoal, em silêncio, agradecendo o dom da fé e pedindo para se deixar guiar pela luz da fé.
- Concluir com a oração da Ave-Maria para que nossa Mãe do Céu, modelo de fé, nos ajude a viver a nossa fé.

ROTEIRO 3: FALAR SOBRE A FÉ É OFERECER UM PROJETO DE VIDA

Objetivo: Compreender que a fé faz parte do projeto de vida do cristão.

Ambientação e materiais

- Colocar em destaque, no local do encontro, uma faixa ou um cartaz com a afirmação: A FÉ CRISTÃ É UMA PROPOSTA DE VIDA.
- Ao centro do local do encontro deixar bem visíveis (por exemplo, sobre uma mesa) uma Bíblia, um crucifixo e um pequeno vaso com flores. Ao lado, em um suporte alto, colocar o Círio Pascal.

Para reflexão

- O animador acolhe alegremente os participantes e os convida para que, juntos, cantem o refrão: *Indo e vindo, trevas e luz, tudo é graça, Deus nos conduz.* Disponível em: <https://youtu.be/euBFFUAWN0c> Acesso em: 09 de jul. de 2022.
- Para um momento de reflexão, propomos a seguinte afirmação: "Precisamos propor a fé aos jovens e aos adultos como uma força para viver. Propor e contagiar, convidando à alegria de viver" (cf. ASSEMBLEIA DOS BISPOS DE QUEBEC, 2019).
- Depois de alguns instantes de silêncio (ou com uma música instrumental que favoreça a reflexão), os participantes podem se manifestar sobre a afirmação proposta. Concluir resumindo as ideias apresentadas.

Estudo em grupo

Formar quatro grupos para o estudo do Capítulo 3 deste livro. Após discussão e reflexão, cada grupo deverá preparar uma pequena síntese, destacando os elementos principais.

- Grupo 1: Para que serve a fé?
- Grupo 2: Que consequências a fé traz para a minha vida?
- Grupo 3: Porque não se trata de conteúdo...
- Grupo 4: ... mas se trata da vida de cada um!

Depois do estudo, o animador convida para a partilha das sínteses realizadas pelos grupos, explicando ou complementando sempre que necessário.

Momento orante

- Convidar para, em silêncio, recordarem as ideias principais do estudo.
- Propor que cada participante, espontaneamente, diga a palavra ou expressão que mais o marcou no estudo realizado. Entre as manifestações, cantar o refrão: *Vem, vem, vem! Vem Espírito Santo de amor. Vem a nós, traz à Igreja um novo vigor, disponível em:* <https://youtu.be/-JrW-vAi0jo> Acesso em: 09 de jul. de 2022.
- Para concluir, de mãos estendidas para o Círio Pascal, todos dizem juntos a Profissão de Fé: *Creio em Deus Pai Todo-poderoso...*

UMA ÚLTIMA PALAVRA

Os adultos do nosso tempo trazem críticas e desconfianças, nem sempre claras, às propostas da Igreja Católica. E é nesse contexto que acolhemos aqueles que procuram a Catequese ou participam das diversas ocasiões de formação em suas comunidades. Os catequistas sempre carregam a vontade de apresentar Jesus Cristo e despertar o encantamento em seus catequizandos, para que neles cresça a vontade de conhecer mais e de se aproximar do Senhor. Para responder os questionamentos dos seus interlocutores, catequistas e formadores, devem conhecer todos os elementos que configuram a fé e ter claro que fé é muito menos um conjunto de crenças e muito mais uma ligação vital com Jesus.

"A catequese é educação da fé ou educação para a fé" (ALBERICH, 2004, p. 153ss.). Depois de conhecer e compreender as principais características da fé, essas expressões podem trazer à discussão se, de fato, é possível educar ou ensinar a fé. Porém, sendo a fé uma resposta pessoal ao chamado à comunhão com Deus, revelado em Jesus Cristo, a catequese tem a tarefa de conduzir o catequizando ao encontro com Jesus e à descoberta da sua proposta de vida. Educar a fé, portanto, significa muito menos ensinar coisas sobre a fé e muito mais acompanhar o catequizando em sua experiência do Mistério.

Acompanhar. Esta palavra destaca o catequista como alguém que se coloca a serviço do nascimento da fé. A partir da sua experiência pessoal ele acompanha no caminho a ser percorrido e conduz o adulto ao destino: o mergulho no Mistério, tomando posse do Amor infinito do Pai e conformando-se a Jesus, sustentado pela fé.

Olhemos para os primeiros tempos logo após a Ressurreição: as mulheres viram o túmulo vazio e ouviram o anjo; os apóstolos ouviram essas mulheres; e nessa cadeia de acontecimentos muitos mais ouviram aqueles que tinham feito a experiência do Ressuscitado. Todos eles foram convencidos sobre Jesus e a Ressurreição, confiaram em sua Palavra e foram provocados a ter fé (cf. SECRETARIADO NACIONAL DE LITURGIA, 2016).

Agora é a nossa vez de falar "o que vimos e ouvimos" (cf. 1Jo 1,3) aos nossos catequizandos. Em nosso coração deve estar a certeza de que em todo tempo, em todo lugar, não importa quem fale, é sempre Jesus que convence:

"Felizes os que acreditam sem terem visto" (Jo 20,29).

Abreviaturas e siglas

CIgC   Catecismo da Igreja Católica

DV   Constituição Dogmática *Dei Verbum* sobre a revelação divina

EG   Exortação Apostólica *Evangelii Gaudium* sobre o anúncio do Evangelho no mundo atual

FR   Carta Encíclica *Fides et Ratio* sobre as relações entre fé e razão

FT   Carta Encíclica *Fratelli Tutti* sobre a fraternidade e a amizade social

PF   Carta Apostólica *Porta Fidei* com a qual se proclama o Ano da Fé

Puebla   Conclusões da Conferência de Puebla

RICA   Ritual da Iniciação Cristã de Adultos

SC   Exortação Apostólica pós-sinodal *Sacramentum Caritatis* sobre a Eucaristia

REFERÊNCIAS

ALBERICH, E. *Catequese evangelizadora* – Manual de catequética fundamental. São Paulo: Salesiana, 2004.

AMATUZZI, M. *Experiência*: um termo-chave para a psicologia. Disponível em: <https://periodicos.ufmg.br/index.php/memorandum/article/view/6699> Acesso em: 12 de mar. de 2021.

ASSEMBLEIA DOS BISPOS DE QUEBEC. *Como propor a fé aos jovens de hoje?* Tradução e resumo. Disponível em: < http://paroquia-areosa.weebly.com/uploads/7/2/4/0/7240418/propor_a_f_aos_jovens_de_hoje.pdf> Acesso em: 2 de set. de 2021.

CAMILLO, J. *Experiências em contexto*: A experimentação numa perspectiva sociocultural-histórica. Dissertação de mestrado. USP, 2011. Disponível em: <https://www.teses.usp.br/teses/disponiveis/81/81131/tde-31052012-104321/publico/Juliano_Camillo.pdf> Acesso: em:2 de nov. de 2021.

CATECISMO DA IGREJA CATÓLICA. São Paulo: Loyola, 2000.

CELAM. *Conclusões da Conferência de Puebla*. São Paulo: Paulinas, 1998, p. 150.

CNBB. *Iniciação à Vida Cristã* – Um processo de Inspiração Catecumenal. Estudos 97. Brasília: CNBB, 2009.

CNBB/REGIONAL SUL II. *Formação de Catequistas Iniciantes* – Primeiros Passos. Curitiba: Regional Sul II, 2011.

COMISSÃO TEOLÓGICA INTERNACIONAL. *A reciprocidade entre fé e sacramentos na economia sacramental.* Disponível em: <https://www.vatican.va/roman_curia/congregations/cfaith/cti_documents/rc_cti_20200303_reciprocita-fede-sacramenti_po.html> Acesso em: 3 de maio de 2022.

DO CARMO, S. *Um encontro transformador.* Disponível em: <https://www.cnbb.org.br/um-encontro-transformador/> Acesso em: 23 de ago. de 2021.

NETO, TIAGO. *Catequista, discípulo que acompanha.* Disponível em: <https://www.academia.edu/40577287/O_CATEQUISTA_DISC%C3%8DPULO_QUE_ACOMPANHA> Acesso em: 30 de abr. de 2022.

PAPA BENTO XVI. *Carta Apostólica* Porta Fidei *com a qual se proclama o Ano da Fé*. São Paulo: Paulinas, 2012.

PAPA BENTO XVI. *Exortação Apostólica pós-sinodal* Sacramentum Caritatis. Disponível em: <https://www.vatican.va/content/benedict-xvi/pt/apost_exhortations/documents/hf_ben-xvi_exh_20070222_sacramen tum-caritatis.html> Acesso em: 2 de maio de 2022.

PAPA FRANCISCO. *Exortação Apostólica* Evangelii Gaudium *sobre a alegria do Evangelho*. Brasília: CNBB, 2013.

PAPA FRANCISCO. *Audiência Geral*. Disponível em: <https://www.vatican.va/content/francesco/pt/audien ces/2014/documents/papa-fran cesco_20140618_udienza-generale.html> Acesso em: 26 de fev. de 2021.

PAPA FRANCISCO. *Encontro de boas-vindas com os participantes da JMJ 2016*. Disponível em <https://www.vatican.va/content/francesco/pt/speeches/2016/july/documents/pa pa-francesco_20160728_polonia-ac coglienza-giovani.html> Acesso em: 2 de set. de 2021.

PAPA FRANCISCO. *Carta Encíclica* Fratelli Tutti *sobre a fraternidade e a amizade social*. São Paulo: Paulinas, 2020.

PAPA JOÃO PAULO I. *Viver a fé seguindo o Concílio*. Audiência Geral. Disponível em: <https://www.vatican.va/content/john-paul-i/pt/audiences/documents/hf_jp-i_aud_13091978.html> Acesso em: 20 de set. de 2021.

PAPA JOÃO PAULO II. *Carta Encíclica* Fides et Ratio *sobre as relações entre fé e razão*. São Paulo: Paulinas, 2006.

PAPA PAULO VI. *Constituição Dogmática* Dei Verbum *sobre a Revelação Divina*. São Paulo: Paulinas, 2011.

REY-MERMET, T. *A fé explicada aos jovens e adultos* – Vol.1. A fé. São Paulo: Paulinas, 1979.

SAGRADA CONGREGAÇÃO PARA O CULTO DIVINO. *Ritual da Iniciação Cristã de Adultos*. São Paulo: Paulinas, 2003.

SECRETARIADO NACIONAL DE LITURGIA. *Catequeses para a Iniciação Cristã de Adultos*. Fátima: Secretariado Nacional de Liturgia, 2016.

Conecte-se conosco:

 facebook.com/editoravozes

 @editoravozes

 @editora_vozes

 youtube.com/editoravozes

 +55 24 2233-9033

www.vozes.com.br

Conheça nossas lojas:
www.livrariavozes.com.br

Belo Horizonte – Brasília – Campinas – Cuiabá – Curitiba
Fortaleza – Juiz de Fora – Petrópolis – Recife – São Paulo

  Vozes de Bolso

EDITORA VOZES LTDA.
Rua Frei Luís, 100 – Centro – Cep 25689-900 – Petrópolis, RJ
Tel.: (24) 2233-9000 – E-mail: vendas@vozes.com.br